Drôle

Fanny Joly vit à Paris avec son mari et leurs 3 enfants. Elle écrit pour la télévision, le théâtre (notamment les sketches de sa sœur Sylvie Joly) et la jeunesse. Elle a publié plus de 100 livres, chez Actes Sud Junior, Bayard, Casterman, Flammarion, Hachette, J'ai Lu Jeunesse, Nathan, Pocket, Thierry Magnier... Elle a remporté de nombreux prix et ses livres sont souvent traduits. Chez Bayard, elle est l'auteur de plus de 20 titres pour tous les âges.

Du même auteur dans Bayard Poche :
Parfaite, la princesse ? (Les belles histoires)
La reine de la récré (Mes premiers J'aime lire)
La charabiole - La télé toquée - La ruse de Cunégonde - Les pâtacolors, j'adore ! - Le prince congelé - Série : Drôles de contrôles - Drôle de cadeau (J'aime lire)

Roser Capdevila vit à Barcelone, où elle est née en 1939. Dès l'enfance, elle se découvre une passion pour le dessin et tout naturellement s'inscrit à l'école des Beaux-Arts. Elle enseigne l'art graphique en Espagne, puis crée des impressions sur tissu. C'est en 1980 qu'elle commence à illustrer des livres pour enfants, édités dans plusieurs pays. En France, ses ouvrages sont publiés par Nathan, Casterman et Bayard Jeunesse.

Du même illustrateur dans Bayard Poche :
L'angine de Maman - La marmaille de la reine - Flora, chanteuse d'opéra - Flora part à Pékin - Le prince Nino à la maternouille (Les belles histoires)
Série : Drôles de contrôles - Drôle de cadeau (J'aime lire)

Septième édition

Drôle de colo

Une histoire écrite par Fanny Joly
illustrée par Roser Capdevila

J'AIME LIRE

BAYARD POCHE

1
Le chapeau de paille et l'Italie

Le jour où j'ai vu maman poser son chapeau de paille dans la plus grande valise de la maison, j'ai sauté de joie :

– Ouais ! On part ! Su-per ! Su-per ! Su-per !

Maman m'a regardée en biais :

– Marie-Lou, calme-toi ! Ton papa et moi, nous sommes invités à un congrès en Italie.

– Un congrès ? Qu'est-ce que c'est que ça ?

– C'est une grande réunion où tout le monde travaille.

– Tu emportes un chapeau comme ça pour travailler, toi ?

– Disons que c'est surtout papa qui va travailler. Moi, je vais en profiter pour visiter, pour me promener...

– Avec moi ?

Brusquement, maman a fait un sourire éclatant.

– Toi, tu vas partir une semaine avec des amis de ton âge. Dans une sorte de club. Vous allez faire tout plein de choses : du poney, des promenades en forêt...

Dans la vie, souvent, plus maman sourit, plus je me méfie.

Et là, elle souriait très fort. Elle m'a tendu un genre de cahier, du même rose que le papier à cabinet, avec écrit en gros :

COLONIE DES LUTINS MUTINS.

J'ai beau être nulle en classe, je sais lire :

– Colonie... Colonie, mais ça veut dire colo, ça ! Vous m'envoyez en colo pour vous débarrasser de moi, voilà !

Maman a fait son œil en coin qui veut dire : inutile d'insister.

Le lendemain, elle posait une deuxième

valise sur mon lit. Elle a commencé à compter les chaussettes et les culottes. Je ne pouvais pas me taire plus longtemps :

– Tu sais, Gagnaud, qui est dans ma classe, il y est allé, lui, en colo ! Ben, il a trouvé un cafard dans ses frites.

Maman a haussé les épaules.

– Et Schwarz, eh ben, on l'a obligé à manger du fromage avec des vers dedans.

Elle a continué à marcher du placard à la valise comme si de rien n'était. Et quand je lui ai dit le pire, qu'Odile Cume, dans sa colo, on leur faisait faire des maths et du français, elle s'est écriée avec joie :

– Ça, c'est une drôle de bonne idée !

2
Colchiques dans le car

La nuit avant le départ, je crois bien que je n'ai pas dormi. J'étais tellement contrariée que j'en ai liquidé mon stock de bonbons. Mes guimauves, mes crocodiles mous : je les ai rongés jusqu'au dernier...

... Quand soudain, papa est arrivé, en panique et en pyjama.

– Vite, vite, Marie-Lou ! Le réveil n'a pas sonné. Dans une demi-heure, on doit être à ton car.

J'ai eu beau traîner de toutes mes forces, on est arrivés à temps. Sur le boulevard, le car était encore là, avec son panneau LUTINS MUTINS et ses phares allumés sous la pluie. Un petit homme rond comme une boule, en survêtement jaune et violet, attendait sur le marchepied.

– Ah ! enfin, vous voilà ! Marie-Lou, c'est ça ?
Un peu plus, et on partait sans toi !

À la voix, j'ai entendu que l'homme boule
était une femme. Elle a tendu la main à
maman, puis à papa :

– Je me présente, Jacqueline Truchon. Mais
les enfants m'appellent Mamy...

À l'intérieur, sous des bonnets rouges, une collection de têtes toutes différentes me regardaient avec la même curiosité. J'ai eu envie de crier : « Maman ! Au secours ! » Mais déjà, papa tendait ma valise au chauffeur. Et pendant que j'avais le dos tourné, la femme boule m'a enfoncé un de ses affreux bonnets sur la tête.

– Aïe ! Ça gratte !

– Mais non, mais non, mais non ! Tu vas voir. Assieds-toi là.

Pour voir, j'ai vu. J'ai aussi entendu. Pendant tout le trajet, ils ont chanté. *Frère Jacques, Colchiques dans les prés...* Il n'y avait que moi qui restais muette.

La femme boule m'a remarquée :

– Qu'est-ce que c'est que ça, une grande fi-fille qui ne chante pas ? Il faut chanter, chan-ter, chanter !

– Oui... mais... euh... Madame...

– Et puis il ne faut pas m'appeler Madame. Il

faut m'appeler Mamy, Mamy, Mamy, hein, comme tous les petits zamis, zamis, zamis...

Je me suis demandé si elle allait tout répéter trois fois, comme ça, jusqu'au samedi d'après. J'ai bafouillé :

– Pis... euh... j'ai un peu envie de vomir...

Là, pour le coup, elle s'est tue. C'était pas vrai, mais ça aurait pu.

3
Toutes les neuf ans

Le car s'est arrêté devant une maison qui ressemblait à un hôtel très ancien. Deux poneys mastiquaient dans un pré. Tout le monde s'est précipité.

– Ouais, un portique ! Super, les poneys !

Mamy Truchon a tapé dans ses mains :

– En rang, en rang, en rang, les enfants !

Elle a expliqué qu'on était onze garçons et huit filles et que toutes les filles de neuf ans se mettraient dans la même chambre. À côté de moi, il y en avait deux qui ont poussé des cris de joie. Je ne sais pas pourquoi, mais elles ne me plaisaient pas, ces deux-là. Dans la chambre, elles ont déballé leurs affaires en faisant plein de chichis. Elles s'appelaient Marine et Juliette.

— Nous, c'est la troisième fois qu'on vient.

Mamy Truchon, elle nous laisse nous habiller pareil et on dit qu'on est jumelles...

La quatrième fille les fixait, bouche bée, sans même sortir un truc de sa valise marquée Fatima. Au bout d'un moment, elle m'a glissé à l'oreille :

– Hé, psst ! Nous aussi, on n'a qu'à dire qu'on est amies.

Marine et Juliette se sont arrêtées de jacasser pour nous regarder. J'ai haussé les épaules.

– Pffft ! Moi, j'ai pas d'amis, ici.

Marine et Juliette s'en fichaient pas mal. C'est à Fatima que j'ai fait du mal. Pauvre Fatima, elle a pleuré jusqu'au dîner !

Au dîner, pour tout arranger, on a eu du gra-
tin de bettes. Impossible d'en avaler une
miette. On aurait dit des sauterelles noyées
dans du lait. Toutes les deux minutes, le téléphone sonnait. Mamy Truchon a appelé :

– Timothée, Marine, Bruno, Amélie, Sarah,
Juliette.

Moi jamais. À force de les voir se tortiller au bout du fil (« Coucou, papachou, mamounette, tout est super-extra-chouette... »), j'ai eu envie de vomir pour de vrai. J'ai couru aux toilettes. Quand je suis revenue, Mamy Truchon m'attendait :

– Où étais-tu, Marie-Lou ? Tes parents viennent de téléphoner d'Italie. Je leur ai dit que tout allait bien, bien, bien.

4
Le brie, brie, brie

Le lendemain, Mamy Truchon est passée dans toutes les chambres.

– Allez, allez, allez. Ce matin on va visiter la fabrique de brie, brie, brie !

Une heure plus tard, on partait, Mamy Truchon devant, Yoann derrière. Yoann, c'est celui qui fait le ménage, les réparations et les lits. La première fois que je l'ai vu, de dos, avec

son tablier et ses longs cheveux, je l'ai appelé
Madame. De face, il a une longue barbe.

On a marché jusqu'à une ferme au bord
d'une forêt.

Une petite dame en blouse nous attendait.

Mamy Truchon l'a embrassée. Sarah a
demandé :

— On sera obligé d'en manger, du brie, brie, brie ?

Yoann a fait signe de se taire comme si la petite dame en blouse était la reine d'Angleterre. Elle a ouvert sa porte et elle a dit :

— Par ici, la visite.

On a aperçu une étable comme une usine, avec des vaches, des tuyaux, des bidons et de l'électricité partout.

Mamy Truchon a commencé à tout expli-
quer. Un garçon à peu près de ma taille écou-
tait debout près de la porte. Je me suis
approchée de lui :

– Hé ! T'habites ici ?

Il a fait oui de la tête.

– Il faut que tu m'aides ! Je suis prisonnière
dans cette colo. On m'oblige à manger des
choses pourries. Ils sont tous méchants. Je
peux me cacher ici ?

Il m'a regardée comme un lapin qui vient d'entendre un coup de fusil :

– Hein !?!

– Quoi « hein » ? Tu parles pas français ? T'as jamais vu les films à la télé où les enfants se cachent dans une grange ?

Il a hoché la tête :

– Ma mère, elle voudra pas. Y a déjà trop de bêtes à nourrir puis tout ça !

– Trop de bêtes ! Non mais dis donc ! Je suis pas une bête, moi !

Il m'a poussée :

– Je t'ai rien d'mandé, à toi !

Je l'ai pincé. Il m'a lancé un coup de pied. J'ai hurlé. Mamy Truchon s'est retournée. Je n'ai pas pu crier, mais ça ne m'a pas empêchée de ruminer. Encore plus fort que les vaches dans l'étable.

Le soir, ma décision était prise...

5
Issue de secours

À dix heures, Fatima dormait déjà.

J'ai attendu que Marine et Juliette finissent de papoter de leurs vêtements du lendemain. Quand tout a été silencieux, je me suis levée comme une souris et j'ai fait ma valise. Dans l'obscurité du couloir, seul brillait le petit panneau vert « Issue de secours ». Au moment où j'allais pousser la porte, CLAC ! la minuterie

s'est allumée. Une ombre est apparue face à moi, sur le mur. Je me suis retournée, prête à hurler : Mamy Truchon me regardait du haut de l'escalier, dans une chemise de nuit grande comme une tente, les cheveux encore plus longs que ceux de Yoann.

– Hep, hep, hep, où on va comme ça ?

Que faire ? Fuir droit devant moi dans la nuit ? Et les policiers, les chiens, les barrages, les bandits ? D'un seul coup, j'ai repensé à la chose la plus triste de ma vie : le chat de Tante Marinette écrasé sous le camion de lait. Je me suis mise à sangloter. Aussitôt, Mamy Truchon m'a soulevée dans ses bras comme un éléphant dans sa trompe :

– Eh ben, eh ben, eh ben, on a un gros, gros, gros chagrin ?

Je ne savais plus où j'en étais. Comment lui dire tout ce qui n'allait pas ? Que rien n'allait. Que je voulais partir.

– Bou hou hou hou... je veux ma maman han han...

– Ta maman ? Mais ta maman, ici, c'est moi ! Mamy Truchon est la maman de tous, tous, tous ses petits lutins ! Surtout ceux qui ont du chagrin ! Alors tu sais ce qu'on va faire ? Je vais t'installer dans la chambre juste à côté de moi ! Hein, ma chérie, chérie, chérie...

6
La chouchoute

J'ai fini la nuit dans la petite chambre qui donne sur celle de Mamy Truchon. Et le pire, c'est que j'ai dormi comme un bébé ! Quand j'ai ouvert l'œil, le matin, elle était déjà levée. J'en ai profité pour explorer un peu sa chambre. Incroyable ! Les murs étaient couverts de photos, de portraits, de dessins. Un vrai musée des enfants !

Je suis arrivée bonne dernière au petit déjeuner. Mamy m'a prise par le cou devant tout le monde :

— Il faut être très gentils avec Marie-Lou ! Elle est triste, triste, triste sans papa et maman, hein, ma chérie ?

Dix-huit paires d'yeux rigolards se sont tournées vers moi. La honte.

— Au fait, a continué Mamy, si on écrivait aux papas et aux mamans ?

À peine la table débarrassée, les papiers à cœurs, à fleurs, les feutres et les crayons de couleurs sont sortis de partout. Moi, j'ai pris mon stylo le plus noir et voilà ce que j'ai écrit :

Papa, maman. Je vous préviens à l'avance, cette colo, ça va finir très mal. Mamy Truchon, elle est atroce. Je dis bien atroce. En plus, le type qui fait le ménage est fou. On nous oblige à...

Pendant que je cherchais une idée, j'ai entendu la voix de Mamy :

– Qui veut que je vérifie les fautes d'orthographe ?

J'ai vite fermé mon enveloppe. Dès que Yoann est parti en vélo à la poste, j'ai commencé à imaginer mes parents. Le concierge de l'hôtel leur apporte ma lettre en courant. Maman l'ouvre.

Dès la première ligne, elle tombe dans les pommes. Papa, affolé, lit à son tour. Vite, ils décident de venir me chercher. En avion ? En hélicoptère ? Cette scène, je me la suis repassée tout le mardi, tout le mercredi.

Les autres me tournaient autour :

– Marie-Loute-loute-loute, la chou-choute-choute-choute !

Et au dîner, Mamy Truchon a annoncé :

– Mangez bien, il faut prendre des forces. Demain on va grimper, grimper, grimper. Tout en haut du mont Saint-Cugnan !

7
Hou-hou ! Marie-Lou !

Le jeudi matin, mon plan était prêt. J'ai grimpé en douce tout en haut du plus haut chêne du jardin et je me suis cachée.

J'ai vu les autres se mettre en rang. De vraies fourmis. C'était marrant. J'ai regardé Mamy les compter, un par un, deux par deux... Et tout à coup elle s'écrie :

– Il manque quelqu'un. Qui est-ce ?

Ils se sont tous regardés. Puis Fatima a dit :

– C'est Marie-Lou !

– Mon Dieu, a crié Mamy, pourvu qu'il ne lui soit rien arrivé !

Il y a eu des cris, des cavalcades.

– Allez voir aux toilettes ! Marie-Lou ! Houhou ! Marie-Lou ! Au réfectoire, peut-être ?

Mamy levait les bras, les baissait. Elle ressemblait à un pantin désarticulé.

– Alors ? Alors ? Non ? Elle n'y est pas ? C'est de ma faute ! Je... Marie-Lou... j'aurais... dû...

Et là, il s'est passé quelque chose d'inimaginable : Mamy Truchon est tombée, BOUM ! par terre sur le gravier de l'allée.

Juliette est partie en courant :

– Yoann ! Yoann ! Mamy est tombée !

Sur ma branche, je me suis sentie bizarre.
Mamy était là, par terre. Peut-être morte ! À
cause de moi ! C'était grave. J'avais envie de
réapparaître, de la secouer... Yoann est arrivé
en courant. Avec Bruno et Antoine, les plus
grands, ils ont soulevé Mamy et ils l'ont ren-
trée. Tout le monde se bousculait pour voir.
Quand le jardin a été vide, je suis descendue
de mon arbre et je me suis glissée discrète-
ment au milieu des autres. Mamy gisait sur le
canapé, toute blanche. C'est Fatima qui m'a
vue la première :

– Marie-Lou ! T'étais où ?

J'ai essayé de ne pas rougir :

– Ben quoi, j'étais là…

Là-dessus, le docteur est arrivé et Yoann nous a tous mis dehors.

Je suis allée aux cabinets pour ne pas avoir besoin de parler.

Quand je suis revenue, les yeux de Mamy étaient ouverts. En me voyant, elle a bredouillé :

– Marie-Lou ! Oh... tu... tu es là, viens, viens, viens, ma chérie !

Elle tendait les bras vers moi. J'ai mis ma main dans la sienne. J'avais terriblement honte. Et en même temps, j'étais si joyeuse que Mamy soit encore vivante ! C'était vraiment mélangé, comme sentiments.

Le docteur a ordonné le repos complet.

– Repos complet ? Mais co... comment je vais faire avec mes petits lu... lu... lutins ?

Je lui ai passé le bras autour du cou :

– Je suis là, je vais t'aider, Mamy !

Elle me regardait avec des yeux de gros
chien prêt à pleurer :

– Vous entendez, docteur ! Cette petite qui
veut m'aider ! Voilà pourquoi j'aime tant, tant,
tant les enfants !

Pauvre Mamy ! Pourquoi est-ce qu'elle m'ai-
mait comme ça, moi qui lui avais fait tant de
mal ? Dans mon cœur il y avait comme un

trou. Percé par ma méchanceté. Bouché par sa
gentillesse.

Le soir, j'ai pris les autres à part :

– Les amis, Mamy a besoin d'aide. Je veux
l'aider. Qui m'aime m'aide. Qui ne m'aime pas
m'aide quand même. Sinon, attention !

Ça a marché. Au dîner, j'ai fait le menu.
Chacun a épluché deux pommes de terre et on
les a cuites à l'eau. C'était délicieux. Pour le
dessert, j'ai fait une crème. Il y avait pas mal de

grumeaux, mais j'ai dit que c'était une recette campagnarde et tout le monde a trouvé ça bon. Après, j'ai organisé la vaisselle. Juliette à la plonge. Fatima au rangement. Les autres aux torchons. Personne n'a bronché. Amélie a même dit :

— C'est génial, la vaisselle, on devrait la faire tout le temps !

Le lendemain matin, au moment où je formais les équipes de balayage, le téléphone a sonné. Coup de chance, j'étais juste à côté.

J'ai tout de suite reconnu la voix de papa :

– Marie-Lou ? Quand est-ce qu'on peut venir te chercher ?

– Me chercher ? Mais on n'est que vendredi, y a encore deux jours !

– Et ta lettre ?!

Bon sang ! Ma lettre ! Je l'avais complètement oubliée ! Que dire, quoi inventer ? Vite, une idée pour m'en sortir :

– Ma lettre, euh, c'était un poisson d'avril !

Quand j'ai raccroché, Mamy a dit :

– Marie-Lou, qui était-ce au téléphone ?

– Oh, rien, un poisson d'avril...

– Un poisson d'avril ? Mais on est en mai !

– Eh oui, Mamy, c'est que moi, je fais des blagues toute l'année : mes parents sont habitués...

Achevé d'imprimer en juin 2003 par Oberthur Graphique
35 000 RENNES – N° Impression : 5091
Imprimé en France